L'ACCEPTATION DE L'ENQUÊTE

DANS

LA PROCÉDURE CRIMINELLE AU MOYEN ÂGE

Extrait de la *Revue générale du droit.*

TOULOUSE, IMPRIMERIE A. CHAUVIN ET FILS, RUE DES SALENQUES, 28.

L'ACCEPTATION DE L'ENQUÊTE

DANS LA

PROCÉDURE CRIMINELLE

AU MOYEN AGE

PAR

A. ESMEIN

PROFESSEUR AGRÉGÉ A LA FACULTÉ DE DROIT DE PARIS

PARIS

ERNEST THORIN, ÉDITEUR

Libraire du Collège de France, de l'École normale supérieure,
des Écoles françaises d'Athènes et de Rome

7, RUE DE MÉDICIS, 7

—

1888

L'ACCEPTATION DE L'ENQUÊTE

DANS LA

PROCÉDURE CRIMINELLE

AU MOYEN AGE

PAR

A. ESMEIN

PROFESSEUR AGRÉGÉ A LA FACULTÉ DE DROIT DE PARIS

PARIS

ERNEST THORIN, ÉDITEUR

Libraire du Collège de France, de l'École normale supérieure,
des Écoles françaises d'Athènes et de Rome

7, RUE DE MÉDICIS, 7

1888

L'ACCEPTATION DE L'ENQUÊTE

DANS

LA PROCÉDURE CRIMINELLE AU MOYEN AGE

Les textes anciens, ceux des treizième et quatorzième siècles en particulier, nous montrent souvent la personne soupçonnée d'un délit, arrêtée et emprisonnée par ordre du justicier, acceptant l'enquête, c'est-à-dire consentant, demandant même parfois, à être jugée d'après les témoignages recueillis par le juge ou par les enquêteurs. C'est là une pratique bien connue ; je l'ai étudiée, à mon tour, dans mon *Histoire de la procédure criminelle en France ;* j'ai cherché à en déterminer, plus complètement qu'on ne l'avait fait encore, l'origine et la raison d'être ; j'en ai montré la persistance assez prolongée, et les conséquences importantes qu'elle entraînait. Pour moi, l'origine de cette procédure nous reporte à une époque où la poursuite d'office n'était pas admise par la coutume, sauf en cas de flagrant délit, où le juge ne pouvait prononcer la condamnation pénale que lorsqu'il avait été saisi par un accusateur. Tout ce que le justicier pouvait faire de son propre mouvement, c'était de saisir et d'emprisonner la personne soupçonnée et de la retenir longuement en prison, en faisant publier sa prise et en invitant les accusateurs à se présenter (1) ; mais généralement, au bout d'un certain temps, faute d'accusation, il devait mettre le prisonnier en liberté. Tel était le droit ancien ; mais le prisonnier pouvait donner au justicier le pouvoir de le juger d'office ; il lui suffisait pour cela de se soumettre à l'enquête, à *l'enquête du pays*, c'est-à-dire aux témoignages recueillis dans toute la con-

---

(1) Esmein, *Histoire de la procédure criminelle en France depuis le treizième siècle jusqu'à nos jours,* p. 61 et suiv.

trée par ordre du juge (1). Ce consentement n'était point d'ordinaire absolument spontané ; le suspect ne le donnait que pour mettre fin à l'emprisonnement généralement très rude auquel il était soumis. Le justicier trouvait ainsi dans le droit de détention, qui fut bientôt admis sans limite de temps, un moyen indirect, mais très énergique, de forcer le suspect à se mettre en enquête.

Lorsque la poursuite d'office s'introduisit ouvertement dans les cours séculières sous le nom d'*aprise*, la pratique de l'acceptation de l'enquête n'en subsista pas moins et présenta longtemps encore une grande importance. Pendant assez longtemps, l'*aprise* ne put pas conduire à l'application de la peine de mort, peine normale de tous les crimes et délits graves au moyen âge (2), au moins toutes les fois qu'il n'y avait pas aveu du prévenu ; c'est la règle que reproduisent la plupart des sources du treizième siècle. Beaumanoir paraît avoir été l'un des premiers qui ait admis la possibilité de prononcer la peine de mort dans un *aprise*, en assimilant à un flagrant délit le fait attesté par de nombreux témoins (3). Lorsque le prévenu acceptait l'enquête, toute peine, même la peine capitale, pouvait, au contraire, être prononcée contre lui.

D'autre part, pour pouvoir condamner, sans être arrêté par aucun scrupule juridique, on introduisit bientôt dans la poursuite d'office un large emploi de la torture, qui ne manquait guère d'arracher des aveux au prévenu ; mais si celui-ci acceptait l'enquête, s'y soumettait, il fournissait par là même des armes suffisantes contre lui, et, au quatorzième siècle encore, il évitait la question et la procédure extraordinaire (4).

Voilà les résultats auxquels j'étais arrivé et que je considère

(1) *Ibid.*, p. 5S. Voyez, par exemple, *Registre criminel de Saint-Germain-des-Prés* (dans Tanon, *Histoire des justices des anciennes Eglises et communautés monastiques de Paris*, p. 437) : « Jehannot fu pris a Yssi par meslée et por pluseurs forfez et larecins, qui avoient esté fez à Yssi, desquiex forfez et larecins ledit Jehannot estoit souspeçonnés. Por lequel soupeçon l'an li demanda se il attendroit l'anqueste de Yssi, et il dit que ouict. Et l'anqueste feite de bonnes gens et veue par nostre conseil lay, nostre conseil le banni de toute nostre terre. »

(2) Esmein, *Histoire de la procédure criminelle*, p. 79, 80, 86, 89.

(3) *Ibid.*, p. 99.

(4) *Ibid.*, p. 99, 115, 121.

encore comme solides. Mais, récemment, M. Zucker, professeur de l'université de Prague, a étudié l'acceptation de l'enquête dans une monographie intéressante et pleine d'observations ingénieuses (1), et il en a donné une autre interprétation. Pour M. Zucker, l'enquête du pays acceptée par l'accusé n'a point précédé l'*aprise*, et n'a pas eu pour but de rendre possible un jugement sans accusateur : elle ne serait qu'un incident de l'*aprise*, un moyen de défense fourni à la personne contre laquelle l'*aprise* est dirigée, et qui, par là, pourra mettre fin à une détention prolongée ou faire valoir un fait justificatif (2). Pour justifier cette conception, M. Zucker a montré que partout et toujours l'enquête acceptée par le prévenu coïncide avec la détention préventive (3), et que l'acceptation de l'enquête intervient fort bien au cours d'une *aprise* (4). Enfin, en s'appuyant sur des textes dont la plupart avaient été déjà cités, mais qu'il a interprétés avec plus d'assurance qu'on ne l'avait encore fait, il a montré que la torture était communément employée dans la poursuite d'office au treizième siècle (5), et que, par suite, celle-ci était armée déjà de son plus redoutable instrument. De ces observations exactes, M. Zucker a tiré, me semble-t-il, des conclusions exagérées. Que l'enquête acceptée ait été parfois pour le prévenu un moyen de défense, une façon de s'innocenter et d'obtenir sa pleine délivrance, cela est certain, et je le montrerai moimême plus loin par de nouvelles preuves; mais ce n'est pas là

(1) D' Alois Zucker, *Aprise und total enquête*, ein Beitrage zur Feststellung der historischen Basis der modernen Voruntersuchung. Wien, 1887.

(2) *Op. cit.*, p. 88, 89, 97 et suiv.; 100-101, 110-111.

(3) *Op. cit.*, p. 85, 86, 89.

(4) *Ibid.*, p. 93, 94. Remarquons en passant que, selon M. Zucker, le terme *aprise* vient de *prise*, *prehensio*, et non point, comme le déclare Beaumanoir, de ce que « le juge est plus sage de ce qu'il a appris, par elle; » il ne voit (p. 194) qu'un jeu de mots dans l'étymologie donnée par Beaumanoir. Je crois, au contraire, l'étymologie exacte; elle donne au mot *aprise* un sens équivalent au latin *informatio* (cf. le passage des *Constitutions du Châtelet* cité plus loin). Le vieux mot me parait s'être exactement conservé dans l'anglais *to apprise* « être informé. »

(5) *Op. cit.*, p. 104 et suiv. Les textes invoqués par M. Zucker sont tous reproduits, sauf un, dans mon *Histoire de la procédure criminelle*, p. 96 et suiv. p. 590, n° 2. Le passage qui m'avait échappé et qu'a trouvé M. Zucker est emprunté à Beaumanoir, LXIX, 16; j'en avais soupçonné l'existence (p. 96, n. 3), d'après le glossaire dont M. Beugnot a accompagné son édition de Beaumanoir, mais je ne l'avais point découvert.

son caractère essentiel : c'est seulement l'un de ses emplois possibles, et même, le plus souvent, elle ne produira qu'indirectement ce résultat. Si l'acceptation de l'enquête n'avait été qu'une voie de défense ouverte au prévenu, la proposition devrait toujours en venir de lui ; on ne comprendrait guère qu'elle émanât du juge, et pourtant, dans les textes, c'est, la plupart du temps, ce dernier qui la propose. En face des textes que j'ai rassemblés, il est difficile de nier que, pendant longtemps, l'acceptation de l'enquête n'ait donné au juge, en vue de la condamnation, des pouvoirs qu'il n'aurait pas eus sans elle. Je tiens pour certain que, sans elle, le juge ne pouvait pas, au treizième siècle, en vertu d'une *aprise*, prononcer la peine de mort contre un coupable qui n'avouait pas. Je regarde également comme certain que, plus anciennement encore, le juge ne pouvait sans elle prononcer aucune peine dans une poursuite d'office.

Pour soutenir la première de ces deux propositions, j'ajouterai une nouvelle preuve à celles que j'ai fournies déjà. Si l'acceptation de l'enquête n'était qu'un moyen de défense, si elle ne conférait au juge aucun nouveau pouvoir, on ne concevrait point qu'un praticien expérimenté conseillât au prévenu de s'y refuser ; c'est pourtant ce que fait l'auteur inconnu du *Livre des Constitucions demenées et Chastelet de Paris*, et il donne clairement les motifs de son opinion :

« Nulz ne se doit, que il puisse, metre en enqueste ; quar il i peut avoir péril moult grant ; quar nulz ne puet estre de tous amez ; mès on puet otroier au juge que il selonc Dieu et sus s'ame en enquiere et face enquerre par ses loiaux jurez ; et iceste chose puet estre faite, quant nulz n'est ensuis (1). Et quant li juges en avra apris (2), par ceux que il avra envoiez, li juges puet lors demander à celi, se il veut oïr droit selone ce qu'il a apris, et il puet respondre : « Oil, selonc Dieu et selonc vostre âme. » Et soies bien certains que il ne puet condampner à mort, mes il vous porroit bien banir (3). »

(1) C'est-à-dire quand il n'y a pas d'accusateur.

(2) *En avra apris*, c'est-à-dire aura fait une *aprise* ; c'est le passage auquel ai fait allusion plus haut.

(3) *Le livre des constitucions demenées et chastelet de Paris*, édition Mortet, § 61, p. 71 (dans Laurière, § 59).

Quant au second point, à savoir que, selon un droit plus ancien encore, l'enquête ne pouvait conduire à aucune condamnation, si elle n'avait pas été acceptée par le prévenu, je me contenterai de rappeler un fait qui me paraît fort probant.

On sait que la mort de Philippe le Bel fut suivie d'une réaction très marquée de l'esprit féodal contre les empiètements du pouvoir royal. Profitant de circonstances favorables, les seigneurs de diverses régions cherchèrent à regagner le terrain perdu depuis un siècle par la féodalité, et de restaurer les anciens principes en intéressant tous les hommes libres à leur cause. Ces réclamations aboutirent à une série d'ordonnances du roi Louis X, contenant d'importantes concessions que le roi ne pouvait alors refuser. Quelques-unes de ces concessions portent sur la procédure criminelle. Certains pays demandèrent seulement à être garantis contre les excès de la torture; c'est ce qui fut accordé aux Normands (1) et aux officiers municipaux de Toulouse (2). D'autres allèrent plus loin et repoussèrent complètement la procédure de l'*aprise*, tout en admettant l'enquête quand elle était acceptée. C'est ce que firent « les nobles de la duché de Bourgogne, des esveschez de Lengres, d'Ostun et du Conté de Forès pour eus et pour les religieus et non nobles des dis païs. » Et voici comment le roi leur répondit : « Le premier article bailléé à nous qui est tiels. Premier que l'on ne puisse en cas de crime aller encontre les dix nobles par dénonciation, ne par souspeçon, *ne eus juger ne condampner par enquestes, se 'l ne s'y mettent*, jaçoit ce que la souspeçon pourroit estre si grant et si notoire, que li souspeçonnez contre qui la denonciation seroit faite devroit demourer en l'hostel de son seigneur, et illec demourer une quarantaine, ou deus, ou trois au plus, et, se ou ce termine aucun ne l'approchoit dou fait, il seroit ostagez, et en faisant partie il doient avoir leur défence par gage de bataille. — Nous leur octroions, se la personne n'estoit si diffamée, ou li faiz si notoires que li sires li deust mettre autre re-

____

(1) Charte aux Normands, de 1314, art. 11 (Isambert, III, p. 51) : « Quod in dicto ducatu nullus homo liber quæstionetur, nisi vehemens præsumptio ipsum reddat suspectum de crimine capitali, et tunc taliter quod propter gravitatem, tormentorum mors aut mutilatio non sequatur. »

(2) Ordonnance du 1er avril 1315, art. 19 (Isambert, III, p. 58).

mède (1). » Ce que réclament les nobles de Bourgogne, c'est évidemment le rétablissement du droit ancien, et la description qu'ils en donnent est identique à celle que j'ai présentée.

Les nobles de Champagne ne sont pas moins explicites. Voici comment l'ordonnance qui les concerne expose leur demande et y répond :

« Sur ce que il disoient, que quand aucun noble de Champagne estoit pris par souspeçon de cas de crime, il devoit estre ouys en ses bonnes raisons et deffenses et tenu en prison pour certain temps. Et se il venoit aucun qui se feist partie contre li, il se pooit deffendre par gage de bataille, *se il ne se voulloit mettre en enqueste*. Et parmi ce il devoit estre délivré de prison, se il n'estoit pris en présent meffect. — Nous voullons et est nostre intention que chascun pris pour cas de crime soit ouys en ses bonnes raisons, et li en soit fait droit. *Et se aucune aprise se faisait contre li, que par ceste seule aprise il ne soit condamnez ne jugiez* (2). »

Ce vieux droit, qui excluait l'enquête en matière criminelle lorsqu'elle n'était pas acceptée par le prévenu, c'était le même qu'avait invoqué jadis le sire de Coucy devant saint Louis (3).

On peut remarquer enfin que la lutte du principe inquisitoire contre le principe accusatoire se produisit dans les mêmes termes pour la procédure canonique. Voici, à cet égard, un passage de la *Summa hostiensis* fort explicite : « Quid si judex vult inquirere, subditus vero dicit : « Nolo quod inquiras sed

---

(1) Ordonnance d'avril 1315, art. 1 (Isambert, III, p. 61).

(2) Ordonnance de mai 1315, art. 13 (Isambert, III, p. 90). Il est vrai que les nobles de Champagne n'obtenaient qu'en apparence ce qu'ils demandaient. En effet, ils ne devaient point être condamnés sur l'*aprise seule*; mais cela impliquait qu'ils pouvaient l'être si un autre élément se joignait à l'*aprise*. Cet autre élément, c'était l'*aveu*, et, pour le leur arracher, on employait la torture; l'article suivant le montre bien. Art. 14 : « Sur ce que il disoient que contre les us et coustumes anciens de Champagne, nos gens s'efforçoient de mettre en gehine les nobles de Champagne pris pour souspeçon de crime, jaçoit ce que il ne soient pris en présent meffait, ne ne soient connoissans le fait. — Nous accordons et voullons et deffendons que nuls nobles ne soient mis en gehine, se présomptions n'estoit si grand du meffait, que il convenist faire par droit et par raison, ou il meffait demourast sans punir, auquel cas deffendra len et deffendons que pour cette gehine nuls ne soit condamnez ne jugiez, s'il ne persevere en sa confession, par temps souffisant après la gehine. »

(3) Voyez mon *Histoire de la procédure criminelle*, p. 85 et suiv.

profligas terminum accusare volontibus et si nullus apparet, paratus sum me purgare. » Videtur quod subditus audiri debeat, quia quod petit ordinarium est, quod judex dicit extraordinarium, ad quod non est recurrendum quamdiu ordinarium superest... Contrarium tamen tenendum est quia purgatio sequitur inquisitionem (1). »

Mes conclusions premières me paraissent donc devoir être maintenues ; mais l'occasion me paraît bonne pour chercher à déterminer, d'une manière rigoureuse, le caractère propre de l'enquête acceptée ; j'étudierai, en même temps, quelques textes curieux qui la concernent et qui n'ont pas encore été utilisés.

I

L'acceptation de l'enquête par l'individu poursuivi et arrêté n'est pas autre chose au fond qu'une transaction qui intervient entre lui et le juge : cette transaction a pour effet de placer le juge hors de ses attributions normales, d'en faire une sorte d'arbitre tout puissant.

Cette transaction, comme toute autre, ne se comprend que parce qu'elle procure, en échange d'un sacrifice, quelque avantage aux deux parties.

Ce qu'y gagne le prévenu, c'est, comme disent les textes, sa *délivrance*, c'est-à-dire non pas sa mise en liberté provisoire, mais la prompte liquidation de son procès ; une fois l'enquête acceptée, les deux parties (le prisonnier et le juge) sont liées, et, sur les seuls résultats de l'enquête largement interprétés, sans autre procédure, le juge prononcera promptement l'absolution ou la condamnation. C'est là peut-être ce qu'entend Beaumanoir lorsqu'il dit que l'enquête porte fin de querelle (2). Lorsque la question eut été introduite dans la poursuite d'office, le prévenu, en acceptant l'enquête, y gagnait encore d'échapper à cette chose effroyable, la torture.

Ce qu'y gagnait le juge, cela a été, selon les temps, tel ou tel avantage. D'abord, ce fut le pouvoir de prononcer une peine, alors que, sans cette acceptation, il n'eut pu, faute d'ac-

_____

(1) *Hostiensis summa, De inquisition.*, Lugduni, 1517, p. 408 v°.
(2) Beaum., XL, 16.

cusateur, en infliger aucune; puis ce fut le droit de prononcer la peine de mort, qu'il n'eût pu infliger sans cela. Lorsque la poursuite d'office eut atteint son complet développement et put entraîner une condamnation quelconque, le juge fut pourtant encore restreint dans son action par une nouvelle entrave : en effet, la théorie des preuves légales, sans être une protection sérieuse pour le prévenu, était une gêne pour le juge, malgré l'emploi fréquent de la torture. Il échappait à cette gêne lorsque le prévenu acceptait l'enquête, et statuait sur les résultats de celle-ci en n'ayant d'autre règle que son intime conviction.

Mais comment put-on avoir l'idée d'un contrat aussi singulier? Une transaction avec la justice, un compromis d'où le juge sortait arbitre et partie tout à la fois ! Pour le comprendre, il faut perdre de vue pour un instant la justice, telle que nous la concevons aujourd'hui. La justice des sociétés naissantes ou mal consolidées est toute différente : elle n'a rien d'impérieux, commence par le simple arbitrage, ne tenant ses pouvoirs que de la volonté des particuliers, et vit pendant longtemps de transactions et d'expédients. Dans la période d'anarchie d'où sortit le système féodal, la justice fut administrée pendant plusieurs siècles presque à l'aventure, sans loi et même sans coutume fixe; elle avait naturellement repris l'esprit et les traditions de la justice primitive, et elle en conserva les traces pendant longtemps. L'acceptation de l'enquête n'est point le seul exemple qu'on trouve, au moyen âge, d'une transaction entre le prévenu et le juge; on pourrait en montrer d'autres. La promesse par le prévenu de payer l'amende présente en particulier le caractère, non pas seulement dans la forme, mais aussi dans le fond, d'un véritable contrat : je le prouverai peut-être quelque jour.

Le caractère transactionnel et compromissoire de l'enquête acceptée apparaît très nettement dans une décision du prévôt de Paris, conservée dans le *Registre criminel de sainte Geneviève;* il en résulte qu'elle conférait compétence à une juridiction pour juger un coupable qui, sans cela, eût pu être revendiqué par un autre tribunal.

« L'an de grâce mil ccc environ Nouel, Maci de la Magdeleine, serjant de Sainte Geneviève, prist Gilet de Vccli de lez la boucherie de Saint Maart qui avoit navré à mort Jehan de Chartres et estoit ledit Gilet hostes le Roy, lequel, amené devant la gent de l'Eglise, respondi dudit fet *et se coucha en l'enqueste.* Et ce fet, il fut mis en nostre prison, et tantost, le lendemain ou la seconde journé après, Guillaume Tybout, prévost de Paris, l'envoya querre par Bassequain et Guillaut de Saint Denis et plusieurs autres serjanz de Chastelet; et le pristrent en nostre prison et l'emmenèrent en Chastelet, pour ce que le prevost disoit que il estoit hostes le Roy, et que il n'avoit esté pris en nul présent meffet, par quoi la cognoissance n'apartenoit pas à nous. Frère Guillaume de Vaucresson le requist par plusieurs foys audit prevost, et disoit que à lui apartenoit la cognoissance, pour ce que il avoit respondu dudit fet sans nulle contrainte *et s'en estoit couchiez en l'enqueste.* Ce fet, ledit prevost séant en jugement, le semmedi devant la feste Saint Vincent, l'an dessus dit, oïes les resons proposées d'une partie et d'autre, c'est à savoir du Roy et de ceus de Sainte Geneviève, ledit prevost commanda de par le Roy, en plain jugement, à Bassequain et Guillot de Saint-Denis, ses serjans, que il ledit Gilet ramenassent à Sainte Geneviève, et le remeissent en sa prison, de laquele il l'avoient osté (1). »

Si l'acceptation de l'enquête était une transaction, il devait en résulter logiquement qu'elle exigeait le consentement des deux parties en présence, le prévenu et le juge. Le consentement du prévenu était toujours nécessaire, nous le savons; mais le consentement du juge l'était-il également? La question qui ne se présenta point tout d'abord (car anciennement le juge ne pouvait que gagner à l'acceptation de l'enquête), se présenta plus tard lorsque le prévenu voulait *se mettre en enqueste,* dans son propre intérêt, comme moyen de défense. Il semble bien qu'en principe le juge pouvait refuser de déférer à cette demande, lorsqu'en prolongeant l'attente, il espérait réunir de nouvelles preuves; je citerai plus loin un texte qui le dit presque formellement. Cependant il paraît aussi que lorsqu'il s'agissait par là d'éviter la torture, le prévenu avait vraiment le droit de se mettre en enquête. Il paraît avoir eu également ce droit lorsque, sans avoir été arrêté par ordre de justice, il venait spontanément se

____

(1) Dans l'*Histoire des justices des anciennes Eglises et communautés monastiques de Paris,* par L. Tanon, p. 368.

mettre *à loy* ou *à purge*, c'est-à-dire provoquer les poursuites contre lui, afin de conquérir une pleine sécurité, comme cela était possible, au moins dans la région du Nord ; encore Bouteiller dit-il, dans un passage, qu'on peut refuser d'admettre une personne *à purge* lorsque le crime est trop grave (1).

II

Un coutumier du quatorzième siècle, le *Livre des usaiges et anciennes coustumes de la conté de Guynes*, contient de curieux renseignements sur l'*enquête du pays* employée comme moyen de défense. La partie qui en traite est datée de 1344 ; c'est le chapitre XXIII, dont voici la rubrique : « *L'enqueste du pays et les articles avec les lectres d'icelle et conclustons.* Cy après ensuyvent les manières et ordonnances comment et par quelle manière ung homme est receu à l'enqueste du pays, et comment on le doit signifier et en quel lieu et places, pour avoir seure sentence de vie pour aller fréquenter et hanter par tout le monde, et que partie ne le pourroit poursuyvir de nul cryme ni villain cas (2). »

Le *Livre des Usaiges de Guynes* présente deux hypothèses bien distinctes : l'une, celle qu'il développe principalement et avec force détails, est le cas où un homme, coupable ou soupçonné d'avoir commis un délit quelconque, vient provoquer les poursuites et les enquêtes contre lui-même. Ici l'enquête est venue simplement s'ajouter à une procédure plus ancienne usitée au moins dans la région du Nord (3). Alors que le système accusatoire régnait encore dans toute son étroitesse, on y admettait que l'auteur réel ou supposé d'un méfait pouvait venir se remettre aux mains de la justice, et, par des publications, provoquer les accusations contre lui : si personne ne se présentait dans un certain délai, tous ceux auxquels aurait appartenu le droit de l'accuser en étaient déchus, et par là même l'homme était pleinement innocenté. C'est ce qu'on appelait *se mettre à loy, à purge* ou *à droit*. Sans doute on n'usait guère de ce droit

---

(1) *Somme rural*, I, 34 (édit. Carondas, Paris, 1603, p. 227).
(2) Edition Tailliar et Courtois, Saint-Omer, 1850, p. 144.
(3) Voyez mon *Histoire de la procédure criminelle*, p. 52, n. 3.

que lorsqu'on savait par avance qu'aucun accusateur ne se présenterait.

Le *Livre des Usages de Guynes* nous apprend qu'au quatorzième siécle celui qui voulait ainsi *se purger* se soumettait en même temps à l'enquête du pays ; cela avait l'avantage de le disculper même à l'égard de ceux qui, ayant le droit de l'accuser, mais étant incapables de l'exercer, ne pouvaient pas être considérés comme déchus, faute de se présenter. « Avant qu'il se maicte, s'il est saige, il doit avoir apaisié sa partie adverse, car nul homme ne se doit mectre en enqueste se il ne sent sa partie adverse doulce et gracieuse envers luy. Et dés qu'un homme se mect en l'enqueste, c'est pour le doubte que au temps advenir, c'est pour le doubte comme dessus que aucuns autres amis dudit mort, qui alors estoient petit, et pour le doubte de justice au temps advenir (1). »

Il semble bien que ce fût un droit ferme, à Guynes, de se soumettre ainsi à l' « enqueste (2), » mais en même temps, il résulte dé l'exemple sur lequel raisonne principalement le coutumier (un homme tué dans un tir à l'arc), que cette procédure était surtout employée lorsqu'il s'agissait d'homicide par imprudence (3), ou autre cas favorable (4). Quoi qu'il en soit, voici les formes qu'il fallait suivre.

Il fallait d'abord que l'homme se livrât à la justice, fût mis en prison et y restât pendant quarante jours ou vingt, selon qu'il était ou non gentilhomme : « Se ung homme se mect à l'enqueste du pays soit pour mort d'homme, pour larrecin, pour

<hr>

(1) *Op. cit.*, § 318. Cf. § 315, p. 146.

(2) *Op. cit.*, § 316 : « Ung homme qui se mect à l'enqueste du pays, qui est soupçonné d'avoir emblé ou murtry par la commune voix du pays, par aucun de ses hayneux, et nul ne se fait partie contre luy, il y sera receu, et se peut mectre à l'enqueste. »

(3) Notre ancien droit, comme beaucoup d'anciennes législations, ne faisait en principe aucune différence entre l'homicide par imprudence et l'homicide volontaire, et prononçait pour le premier la même peine que pour le second. De là des détours inventés pour exempter de cette peine l'auteur de l'homicide casuel ; notre procédure fut l'un de ces détours. Les *lettres de rémission* fournirent un procédé plus simple ; voyez, sur ce point, mon *Histoire de la procédure criminelle*, p. 255.

(4) *Op. cit.*, § 318 : « Se ung delict *pitoyable* fut advenu en la ville de D. ou ailleurs..., dont il faudrait attendre l'enqueste du pays. » § 321 : « Ensuyvent les lectres des articles dessus diz, et premièrement commission requisitoire pour purgier un homme de mort pour cas *piteusement advenu*. »

violler femmes ou pour auoir meffait aucun villain cas par la commune renommée du pays, et doit estre en prison XL jours, ains qu'il puisse avoir sentence pour luy ou contre luy, se il est gentilhomme, et se ung autre homme, de quelque condicion qu'il soit, senon homme de sainte Eglise dont la loy et la justice n'a ne doit avoir la cognoissance se non que ce ne soit contre lez magesté, xx jours (1). »

Puis il fallait faire de nombreuses et importantes significations à ceux qui auraient pu se porter accusateurs (2), aux officiers de justice de la région (3), enfin au public en général, par trois jours de marché ou par trois dimanches, à l'église paroissiale (4). On pouvait d'ailleurs se mettre à l'enquête, soit devant le juge du lieu où le fait avait été accompli (5), soit devant celui dont on était justiciable par son domicile (6).

Pendant ce temps, l'enquête se faisait par les soins du juge auquel l'homme s'était livré. Enfin venait le jour fixé d'avance où le jugement devait être rendu sur l'enquête, et qui devait amener nécessairement l'absolution ou la condamnation du prévenu (7). Ce jour-là on attend jusqu'à l'heure de midi pour voir si aucun accusateur ne se présentera (8). Alors on procède

---

(1) *Op. cit.*, § 314. Ainsi reparait cette coïncidence entre l'emprisonnement et l'enquête du pays qu'a signalée M. Zucker.

(2) *Op. cit.*, §§ 313, 318. Cf. Bouteiller, p. 225, 27, 29.

(3) *Op. cit.*, §§ 313, 318.

(4) *Op. cit.*, § 323.

(5) *Op. cit.*, § 313 : « *Se ung homme non clerc se met à l'enquête où le delict est advenu*, il faut qu'il le signifie et face assavoir par lectres, au lieu où il demeure, à son seigneur, à son souverain seigneur, et au seigneur qui est par-dessus son souverain seigneur. »

(6) *Op. cit.*, § 318 : « Se ung délict pitoyable fut advenu en la ville de D. ou ailleurs, d'ung des subjets de cesto ville de Guysnes...., dont il faudrait attendre l'enqueste du pays, icelluy subget de Guysnes se pourra venir mectre à l'enqueste audit Guysnes. »

(7) *Op. cit.*, § 313 : « (Il faut) signiffier aus dis seigneurs le jour que ledict homme tiendra son enqueste, ou condempnacion ou absolucion. »

(8) *Op. cit.*, § 327 : « Le jour que une enqueste est ouverte pour faire droit et raison de justice, ains que on fera quelque exploit de justice, soit en absolution ou condampnacion, il faut actendre jusques à heure de doze heures devant nones. Et doit la justice, à chacune porte de la ville où l'enqueste se tient, envoyer deus frans hommes et un sergent à savoir ce les portes sont ouvertes, pour faire raison et justice à chacun qui venir vouldra, et regarder aussi loings qu'ils pourront regarder et veoir pour savoir se nul ne vient qui à la court peut avoir a faire pour ledit cas ou pour autro... Et se ilz ne voyent

au jugement dont voici le texte même dans sa partie importante :

« *Lectres de l'absolution de l'enqueste dessus escrite et jugée par sentence de jugement.* — « (Devant nous s'est présenté Jehan de V.), nous requérant à grant instance que, à ladicte enqueste le voulsissions recevoir, voullant prendre droit de justice et par icelle enqueste, fust en condampnacion de mort ou absolucion d'icelle mort. Sur quoy, après ce que de Jehan R., procureur du Roy nostre Sire en ladicte conté de Guysnes, et est accusé plainement de la mort dudit Malin, preismes conseil de conclusion à l'encontre dudit Jehan de V., afin que pour icelle il fust justicié et exécuté de corps à la mort ainsi et comme en tel cas apartient... Et par le conjurement de nous les dis frans hommes (1) dirent et par jugement et pour droit que, considéré les offices dudit Jehan de V. et le style et usaige en tel cas accoustumé, nous ledit Jehan de V. devions prendre à ladite enqueste, et recevoir prisonnier du Roy nostre Sire ; nous en suyvant ledit jugement, du consentement du Procureur du Roy nostre dit Seigneur en la conté de Guysnes, receusmes ledit Jehan de Val prisonnier du Roy nostre Sire par la manière que dit est, et luy assignasmes jour de icelle enqueste faire crier, publier et signifier ès lieux et places accoustumées... (aucuns) ne sont venus ne comparus dire contre ledit prisonnier, et à nous Bailly dessus nommé pour le Roy nostre Sire en la ville et conté de Guysnes, au dessus dit xxiiie jour de May, et rapporté et desployé en ladicte court toutes les lectres et certifications des officiers dessus nommez (2), infixées et annexées parmi les nostres, *avec les informacion que faicte en a esté ou pays et tous les noms et surnoms des tesmoings produiz en celle enqueste ; monstré et et nommé les noms d'iceux tesmoings, ne contre leur depposicion n'a voulu aucuns reprouches ne blasmes baillier en soy rapportant et accordant prendre et avoir droit par icelle informacion ou condamnacion de son corps ou absolucion ; Et pareillement fait le procureur du Roy...* par ce qui est et sera trouvé en ladicte informacion, en laquelle ont esté produiz et oys plusieurs tesmoings et lectres mises en preuves ; Ven laquelle enqueste

nulz venir, puis que xii heures seront sonnées, on procédera à ladite enqueste. »

(1) Ce sont les *jugeurs* de la cour de Guynes.
(2) Ce sont les certificats des diverses publications.

2

et informacion et tout ce que par icelle ayt et mouvoir peut, les dis francs hommes cy dessoubz nommez, eu sur ce advis et deliberacion de conseil et heure de XII heures suffisamment attendu, à nostre conjurement ont dit, jugié, dient, *jugent pour droit que ledit Jehan de V. est pur, nect, innocent et non coupable de la mort dudit Malin W., et l'en ont délivré et délivrent comme preudhomme et de bon renom en mectant son corps et ses biens pour ce empeschés à pluine et entière délivrance* (1). »

Pour en finir avec cette purge, par l'enquête du pays, disons qu'elle figure parmi les revendications qu'intenta l'esprit féodal contre la royauté, sous le règne de Louis X. Les nobles « de la baillie d'Amiens et de Vermandois » réclamèrent, pour les seigneurs de cette région, le droit de recevoir à purge leurs sujets soupçonnés, et obtinrent que la décision rendue sur cette procédure aurait force de chose jugée, même devant les justices royales. Voici la réclamation et la réponse sur ce point.

« Comme chascun sires justiciers en sa terre ait accoustumé de justitier ses justiciables en touz cas, et ont bien usé se il sont souspeçonné d'aucun cas de crime, se il sont appelé à noz droiz sur les cas (2), de venir à la court à leurs seigneurs *et de euls offrir à droit et à loy,* et li seigneur de euls recevoir, *et les mettent en prison pour faire droit et loy selonc lus et la coustume du païs,* et quant il les ont en leur prison et (il) le signifient à noz gens et lors ont li appel cessé (3) ; et après ils ont procédé contre leur prisonier deüement par la coustume à sa délivrance ou à son encombrement, et fait par jugement de leurs hommes, et le cel a esté délivré par jugement en la court du seigneur, il doit estre delivrez en toutes cours, et noz bailliz et prevoz s'efforcent au contraire. — Nous voullons et leur deffendons que il ne le facent, se il ne trouvent que il y ait corruption, auquel cas il n'agrievent ne detiegnent celuy qui sera delivrez devant ce que li jugiez et li jugeur seront de ce ataint et condamné par leurs pairs en leur chastellenie, et facent ce

----

(1) *Op. cit.,* § 329.

(2) Cela paraît signifier que les sujets des seigneurs étaient cités à comparaître devant les juridictions royales, à raison des soupçons qui pesaient sur eux, probablement par *prévention.*

(3) Cela signifie, je crois, que la citation donnée devant la justice royale tombe par là même. Voyez Bouteiller, *Somme rural,* 1, 34, p. 227, 229.

que raison donra, et après facent droit par les hommes de la chastellenie à celuy qui aura ainsi esté delivrez par la loy et la coustume du pays (1). »

III

Le *Livre des usaiges de Guysnes* connaît aussi l'acceptation de l'enquête intervenant comme moyen de défense dans une tout autre situation. Ici, c'est une personne, prise par soupçon, et contre laquelle le procès est commencé, qui demande à se mettre en enquête : le juge peut accueillir cette demande, mais il peut aussi la repousser, à raison des conséquences graves qu'entraînerait la transaction intervenue.

« Se justice par aucune renommée prent un homme pour aucun villain cas, et il demandait : « Messeigneurs, que me demandez-vous ? Je n'ay meffait à nulhuy ; » et la justice lui dira : « Nous sommes bien informez de vos faiz, vous viendrez avecques nous ; » et il répondra : « Messeigneurs, je ne say comment vous vous estes informez de moy, je me vueil mectre à l'enqueste du pays. » Receu y sera, *et se justice sent que ele ne sera point bien informée elle se doit bien adviser avant qu'elle mecte un homme à l'enqueste*, car tout homme qui est receu à l'enqueste, au jour que on tiendra ladicte enqueste, doit estre franc et délivré de fers, et ne doit estre nulle part liez ne tenuz, et doit seoir devant les francs hommes sur une pectite sellette. Et là on luy demandera s'il veut ouyr pour luy ou contre luy. Et il respondra, et son conseil dira : « Messeigneurs, nous requerons les noms des tesmoings. » Adonc nommer les luy convient. Et se il dit : « Je les debaz et leurs deposicions car ils sont tous mes hayneux ; » il sera receu et ne pourra la justice plus avant proceder, jusques ad ce qu'il aura rapporté à la cour les reproches desdis tesmoings. Et se il est trouvé qu'ilz soyent ses hayneux, et l'homme se plaint au seigneur souverain des seigneurs à qui on l'aura signiffié ; la justice et les tesmoings qui, par dénonciation, l'auront donné à entendre,

(1) Ordonnance du 15 mai 1315, art. 4 (Isambert, III, p. 68).

l'admenderont grandement audit homme, qui, ainsi et par telle manière, sera mis en l'enqueste (1). »

Il résulte, de ce passage, comme, d'ailleurs, d'un autre cité plus haut (2), que l'acceptation de l'enquête du pays par le prévenu, n'enlevait point à celui-ci le droit de proposer des reproches contre les témoins produits.

La soumission à l'enquête n'intervenait pas toujours, comme ici, dès que le prévenu était arrêté ; elle pouvait intervenir seulement au cours du procès ; cela se conçoit bien, si l'on se rappelle qu'aux treizième et quatorzième siècles elle avait pour effet de soustraire le prévenu à la torture. Nous en avons un curieux exemple dans un arrêt du parlement de Paris du 15 mars 1342, conservé au *Registre criminel de Sainte-Geneviève*. Il s'agissait dans l'hypothèse d'une affaire grave ; le procureur du roi voulait faire déclarer les religieux de Sainte-Geneviève déchus de leur droit de justice, à raison des excès commis par leurs officiers contre Guillaume de Marianville et Jehanne sa femme, placés sous la sauvegarde spéciale du roi. Lesdits conjoints avaient été pris et emprisonnés par les officiers de Sainte-Geneviève, comme soupçonnés d'avoir volé, pendant sa maladie, Michel de Bourgmale, prieur de Nanterre, dont ils étaient les serviteurs ; ils se plaignaient d'avoir été tous les deux longuement retenus en prison, et le mari d'avoir été mis à la torture. ·

« Tenuerant que dictos conjuges incarceratos per spacium viginti sex septimanarum, nolentes eis aliquatenus viam juris aperire, *nec eos admittere ad inquestam, licet super hoc per dictos conjuges et eorum amicos carnales fuissent cepius requisiti ;* premissisque non contenti, prefati Johannes de Stratis et Johannes Piqueti (3) et alii eorum complices pluries posuerunt prefatum Guillelmum in variis questionibus et tormentis, adeo gravibus quod idem Guillelmus factus ab hoc fuerat inhabilis et impotens de corpore suo, et in tali statu quod nunquam se juvare de membris suis sicut ante faciebat (4). »

Mais les religieux de Sainte-Geneviève répondaient, au contraire, que la femme avait avoué et que le mari avait nié et

---

(1) *Op. cit.*, § 317.
(2) Voir page 25. Voyez cependant Bouteiller, *Somme rur.*, I, 31, p. 224.
(3) Ce sont les officiers de Sainte-Geneviève.
(4) Dans Tanon, *Histoire des justices*, p. 389-390.

obstinément refusé de se soumettre à l'enquête ; on avait alors fait mine de le mettre à la question selon la coutume de la vicomté de Paris ; mais, dès qu'il avait requis l'enquête, on l'avait détaché.

« Dicebant preterea prefati religiosi Johannes et Johannes, quod post modum dicta Johanna pluries et diversis diebus, hoc in presencia plurium fide dignorum spontanea volontate et absque coactione quacunque, confessa fuerat quod, tam ipsa per se solam interdum, quam ipsa et etiam dictus maritus, et interdum alie persone cum eis, tempore quo servierant prefato priori, diversis temporibus furtive subtraxerant et sibi applicaverant plura et certa bona dicti prioris in articulis dictorum religiosorum declarata, et quod dicta Johanna premissa confessa fuerat eciam in presencia mariti sui predicti, eumdem maritum de pluribus dictorum furtorum inculpando. *Qui quidem maritus negans dicta furta nunquam se voluerat ponere super premissis in inquesta* nec in relatione uxoris sui predicte, *licet super hoc sepius fuisset requisitus,* quod quo licet *premissis consideratis et attentis licitum esset de consuetudine vicecomitatus Parisiensis prefatum Guillelmum maritum subjicere questionibus vel tormentis,* nunquam tamen fuerat idem Guillelmus graviter seu usque ad aliquam corporis vel membrorum lesionem questionatus, sed duntaxat interdum ligatus, *recusans semper se subjicere uxoris sue relationi vel inqueste, nisi demum confactus fuit sibi timor seu apparencia questionandi eumdem. Qui postquam inquestam requisiverat statim solutus fuerat vinculis questionum* (1). »

Ce récit des religieux, qui fut trouvé exact, car le parlement leur donna gain de cause, fait comprendre clairement comment les choses devaient, le plus souvent, se passer dans la pratique.

IV

Les textes qui me restent à examiner montrent l'acceptation de l'enquête employée dans le but d'affranchir le juge des règles si gênantes sur les preuves légales. Ils sont d'autant plus intéressants qu'ils appartiennent au quinzième siècle et se rap-

(1) Dans Tanon, *Histoire des justices*, p. 391.

portent à une juridiction ecclésiastique ; ils sont fournis par le *Registre de l'officialité de Cerisy* (1). Comment cette pratique s'était-elle introduite dans une juridiction qui appliquait le droit canonique? Etait-ce un emprunt fait à la procédure des cours séculières, ou bien, isolément, les mêmes besoins avaient-ils introduit de part et d'autre les mêmes expédients? Il ressort toujours de là que cette pratique était d'un usage général.

La preuve normale dans la procédure pénale c'était la déposition de deux témoins oculaires et concordants ; mais on conçoit qu'elle était souvent difficile à obtenir. Par l'acceptation de l'enquête, on échappait à la nécessité de la produire. Le prévenu acceptait, en effet, d'être jugé d'après le résultat de l'enquête, tel quel ; il suffisait alors de témoins rapportant des faits suffisants pour qu'on pût le croire coupable, ou bien il suffisait de la déposition d'un seul témoin. C'est avec ce caractère que l'acceptation de l'enquête apparaît dans le *Registre de l'officialité de Cerisy*. L'enquête ne se présente pas ici, d'ailleurs, sous la forme de l'enquête du pays, c'est-à-dire celle où l'on entend toute personne indistinctement, pouvant fournir des renseignements. D'ordinaire, dans la transaction qui intervient, comme je l'ai dit, entre le prévenu et le juge, on désigne nommément les témoins au dire desquels le prévenu se rapporte. Il y a plus, par une convention un peu distincte, mais qui fait mieux comprendre encore la nature de la première, le prévenu remet la décision de la cause à un tiers désigné, qui joue plutôt le rôle d'arbitre que celui de témoin. Voilà ce qui se dégage de l'ensemble ; voyons maintenant les textes.

Quelques-uns indiquent seulement, en termes généraux, que le prévenu s'est soumis à l'enquête :

N° 392⁶ (anno 1411) : « Jouetus le Touze clericus nobis gagiavit emendam (2) eo quod recognovit se manum injecisse in personam Bertini du Quencin clerici, eo quod dictus Bertinus erat reffutans solvere unam quartam vini quam exposuerat in domo dicti Joueti, quod non licebat dicto Joueto, et *quia do-*

---

(1) *Le registre de l'officialité de Cerisy* (1314-1457), édité par Gustave Dupont. Caen, Le Blanc-Hardel.

(2) *Gagiare emendam*, c'est promettre de payer l'amende en donnant un gage. Voir mes *Etudes sur les contrats dans le très ancien droit français*, p. 96, 97.

minus officialis super ista se informavit ut dictus Jouetus se con-sencitt et submisit repperit ulterius quod dictus Jouetus cepit dictum Bertinum *a la quenefouille* (Gallice) animo malivolo et injurioso taliter quod dictus Bertinus cecidit ad terram; quam emendam taxavimus ad V solidos (1). »

N° 393ᵇ « Robertus Jacquez clericus nobis gagiavit emendam eo quod animo injurioso percutit Guillermum le Parfait... et quia etiam sibi imponebatur quod eciam percuterat uxorem dicti le Parfait in illo conflictu, videlicet de quodam lapide per caput usque ad magnam effusionem sanguinis, *noluit* (2) *tamen confiteri sed se submisit ad informacionem*, et ita repertum est per informacionem quod dictus Robertus verberaverat dictam mulierem videlicet de quodam lapide quam tenebat in manu sua per caput, usque ad magnam effusionem sanguinis, quam emendam taxavimus ad XVI solidos (3). »

Voici maintenant une cause dans laquelle le prévenu se sou-met au témoignage des personnes présentes au fait et qu'il désigne :

N° 415ᵇ (an. 1457) : « Cum propositum fuisset a parte promo-toris contra Guillermum le Roux (alias Gyot) filium Guillermi Panificis, quod percussisset Thomam Cheron clericum animo malivolo, trahendo unam sagittam contra vultum ipsius Che-ron circa nasum usque ad mangnam plagam et mangnam san-guinis effusionem, qui quidem Le Roux confessus fuit per-cussisse dictum Cheron sed non animo malivolo sed a casu fortuito; *que quidem partes se submiserunt illis qui erant pre-sentes videlicet in Dionysium Davy, Ricardum Brehier, Robertum Ameline et Thomam Aveton;* qui quidem retulerunt, videlicet Dionisius Davy quod audivit quod dictus Le Roux dicebat dicto Cheron, quod non dictus Cheron dimitteret sagittam dicti Le Roux et quod, si ipsam traheret, quod dictus Leroux infligeret sagittam suam in corpore ipsius Cheron sed *non vidit* dictum Le Roux trahere sagittam contra dictum Cheron, sed bene vidit sagittam inflctam in vultu ipsius Cheron. Dicunt alii tres uni-formiter quod audiverunt quod dictus Le Roux minabatur dictum

---

(1) *Registre de Cerisy*, p. 308.
(2) Le texte porte *voluit*, mais c'est évidemment une faute.
(3) *Registre*, p. 312.

Cheron, dicendo quod si dictus Cheron traheret sagittam dicti Le Roux, quod dictus Le Roux infigeret unam sagittam in corpore ipsius Cheron, et sic referunt quod, quando dictus Cheron traxisset sagittam ipsius Le Roux, ipse Le Roux traxit unam sagittam contra ipsum Cheron, percussiendo ipsum Cheron per vultum usque ad magnam plagam et mangnam sanguinis effusionem (1). »

Il faut remarquer qu'ici la soumission à l'enquête so présente comme un contrat véritable conclu entre le prévenu et le *promotor*, qui poursuit. D'ailleurs, dans cette hypothèse, cette soumission était superflue, car il y avait trois témoins oculaires et concordants ; mais, dans d'autres cas, on voit clairement son importance.

N° 411ᶠ (an. 1456) : « Postquam propositum fuerat a parte promotoris contra Vigorem de Tournieres et Johannem le Cordier clericos, quod inter se pugnaverant et se invicem hinc inde multipliciter leserant usque ad sanguinis effusionem et mangnam carnis mutillationem, *que omnia negavit ipsorum quilibet fore et esse vera, sed se submiserunt informationi que super hoc fieret, quia casus erat quasi nocturnus videlicet post occasum solis :* quare fecit dictus promotor citari ad informandum dominum officialem Thomam Bourdon et ejus uxorem, Philippum le Canelier, Colinot Belot, Michaelem Rigobertum et Stephanum dictos Fronde miche, alias Anthoyne, Johannem Bisson, Johannem Pray, Robertum Flambard, et Thomam Malherbe juntorem (2), qui tanquam conformes et unanimi consensu *retulerunt credere se multipliciter lesisse,* videlicet usque ad sanguinis effusionem et carnis mutillationem, de quibus gagiaverunt prefati Tournieres et le Cordier emendam (3). »

N° 415ᵃ (an. 1457) : « Propositum fuit a parte promotoris contra Martinum Thomasse clericum uxoratum parochie de Listreyo, quod percuserat de nocte, quasi media nocte, per pectus de uno polo stangneo Guillermum Rogier dicti loci, eciam clericum, *que sic proposita et allegata negavit fore vera idem Thomasse, sed se retulit informacioni que fieret per homines*

<hr>

(1) *Registre*, p. 343.
(2) Ici le *promotor* fait citer ceux qu'il veut ; il semble bien que c'est l'enquête du pays.
(3) *Registre*, p. 339.

sequentes, videlicet per Johannem Rogier, seniorem et juniorem, Colinum et Johannem dictos Quinet, Gauffridum et Guillermum dictos Le Tonnerre, Guillermum Gouge ; qui quidem dixerunt quod non credebant quod dictus Guillermus Rogier diceret premissa non esse vera, *sed credebant quod dictus Thomasse percussisset dictum Rogier eo modo quo proponitur*, de quibus gagiavit emendam dictus Thomasse (1). »

Dans les deux cas précédents, les témoins déclarent seulement qu'ils croient le prévenu coupable, mais non qu'ils l'ont vu accomplir l'action, et pourtant la condamnation est prononcée ; cela est rendu possible et légal par l'acceptation de l'enquête. Il s'agit, d'ailleurs, de faits nocturnes, sur lesquels il est difficile d'avoir des témoignages précis, et le texte relève ce détail, comme un motif naturel conduisant à l'acceptation de l'enquête.

Comme je l'ai indiqué plus haut, nous trouvons dans le Registre un cas fort remarquable, où le prévenu se soumet au dire d'une seule personne, pour tous témoins, et où il est condamné :

N° 494ᵏ (an. 1413) : « Robertus des Cageux clericus, nobis gagiavit emendam, eo quod sibi imponebatur ipsum de nocte venisse in domo Ranulfi du Bourc, ubi Johannes de Bapaumes clericus potabat cum pluribus aliis, et dicto des Cageux ingresso, supra mensam ipsorum insimul potantium de quodam baculo quem tenebat impetuose percussit, dicendo multum vigorose ista verba : « S'il y a qui bouge, il est mort, » gallice, et ultra pluries petivit si esset aliquis qui cum ipso brigam vellet facere, cui dictus Bapaumez dicit quod male faciebat sic loquendo et faciendo, et statim dictus des Cageux dictum de Bapaumez clericum percussit de pugno supra nasum usque ad effusionem sanguinis, et quia Ranulfus du Bourc, hospes et dominus ipsius domus, hec videns et dolens eidem de Cageux dicit quod male faciebat sic faciendo, et dictus des Cageux ipsum projexit in medio ignis, et ita reppertum fuit per relationem (2) Ludovici Jouenno *cui ipse des Cageux se submisit pro omnibus*

_____

(1) *Registre*, p. 342.
(2) Le texte porte *relaxationem*.

testibus, et de ista emenda fuit fidejussor Johannes des Cagoux pater ejus quam emendam taxavimus ad XL solidos (1). »

C'est tout à fait dans le même sens que, d'après un texte plus haut cité (2), les officiers de Sainte-Geneviève demandaient à Guillaume de Morianville de s'en rapporter à la relation de sa femme (qui l'accusait) ou à l'enquête « *se subjicere uxoris suæ relationi vel inqueste*. »

Enfin, dans un dernier passage du *Registre de Cerisy*, le prévenu se soumet au jugement d'une personne déterminée, qui n'est point un témoin, mais plutôt une sorte d'arbitre dont le juge devra suivre la sentence et qui se livre lui-même à une information (*debite informatus*) :

N° 385ᵉ (an. 1406) : « Cum procederetur ex officio contra dominum Robertum Gadot, vicarium de Duobus Gemellis, eo quod imponebatur sibi quod alias fuerat sibi injunctum et inhibitum ad pœnam x librarum ne habitaret aut conversaret cum Florida uxore Symonis Laurencii de qua diffamabatur, et quod post hujusmodi inhibitionem de nocte fuissent ad invicem apprehensi in domo ipsius vicarii, hoc pro p..se et totis viribus negantes, super hoc *se submisit dicto, s. tencie et ordinationi omnimodo venerabilis et discreti viri magistri Johannis du Homme* (3), qui quidem sufficienter et debite informatus, ipsum vicarium tunc presentem nec contradicentem, sed spontanea voluntate consencientem condemnavit ad emendam tanquam convictum et ipsum declaravit dictam penam incurrisse (4). »

L'expédient dont nous venons, en dernier lieu, de donner des exemples doit avoir été d'un usage assez général, car il a donné lieu à une expression usitée encore dans la conversa-

---

(1) *Registre*, p. 321.

(2) Ci-dessus, p. 108.

(3) Ce Johannes du Homme, malgré l'éloge qui en est fait ici, ne paraît pas avoir été lui-même un personnage sans reproche ; en effet, dans le *Registre* même, au n° 152ᵉ, on trouve cette mention : « *Joh. du Homme, diffamatur de Loreta Benselin.* »

(4) *Registre*, p. 393. Dans tous les cas cités d'après le *Registre*, la peine de l'amende est seule prononcée ; mais il ne faut point voir là un adoucissement de la pénalité résultant de la simplification de la preuve, qu'entraîne la soumission à l'enquête. En dehors de la longue prison et du pilori (*pœna scalæ*), fort rarement infligés, l'amende était la peine normale qu'appliquait la juridiction de Cerisy, même aux cas assez graves.

tion. « Je m'en rapporte à vous, » dit-on quelquefois au cours d'une discussion à une personne en laquelle on a pleine confiance. Cela me paraît être la formule dont on se servait jadis devant la justice : les habitudes du langage familier auraient, sur ce point comme sur tant d'autres, conservé jusqu'à nous la trace d'un ancien usage juridique.

TOULOUSE. — IMP. A. CHAUVIN ET FILS, RUE DES SALENQUES, 28.